BEI GRIN MACHT SICH IHR WISSEN BEZAHLT

- Wir veröffentlichen Ihre Hausarbeit,
  Bachelor- und Masterarbeit

- Ihr eigenes eBook und Buch -
  weltweit in allen wichtigen Shops

- Verdienen Sie an jedem Verkauf

Jetzt bei www.GRIN.com hochladen
und kostenlos publizieren

GRIN ☺

Bibliografische Information der Deutschen Nationalbibliothek:

Die Deutsche Bibliothek verzeichnet diese Publikation in der Deutschen National-
bibliografie; detaillierte bibliografische Daten sind im Internet über http://dnb.d-
nb.de/ abrufbar.

Impressum:

Copyright © 2010 GRIN Verlag, Open Publishing GmbH
Druck und Bindung: Books on Demand GmbH, Norderstedt Germany
ISBN: 9783656869184

Dieses Buch bei GRIN:

http://www.grin.com/de/e-book/146463/marie-marvingt-die-mutter-der-luftambulanz

Ernst Probst

Marie Marvingt. Die Mutter der Luftambulanz

GRIN Verlag

GRIN - Your knowledge has value

Der GRIN Verlag publiziert seit 1998 wissenschaftliche Arbeiten von Studenten, Hochschullehrern und anderen Akademikern als eBook und gedrucktes Buch. Die Verlagswebsite www.grin.com ist die ideale Plattform zur Veröffentlichung von Hausarbeiten, Abschlussarbeiten, wissenschaftlichen Aufsätzen, Dissertationen und Fachbüchern.

Besuchen Sie uns im Internet:

http://www.grin.com/

http://www.facebook.com/grincom

http://www.twitter.com/grin_com

Ernst Probst

Marie Marvingt

Die Mutter
der Luftambulanz

Dem Luftfahrt-Experten
Dr. Dave Lam
aus Everberg in Belgien
gewidmet

Dritte Fliegerin in Frankreich:
Marie Marvingt (1875 – 1963).
Foto: Archiv Dr. Dave Lam, Everberg, Belgien

ls „Mutter der Luftambulanz" kann man guten Ge-
wissens die französische Krankenschwester, Sportlerin und Pilotin Marie Marvingt (1875–1963) be-
zeichnen. Sie hatte als Erste die Idee zur Rettung und
medizinischen Versorgung von Verwundeten und Kranken aus
der Luft. Allerdings musste sie lange dafür kämpfen, bis ihr
Vorschlag endlich verwirklicht wurde. Ihr gebührt auch die
Ehre, als erste Frau mit einem Ballon von Frankreich über die
Nordsee nach England geflogen zu sein.

Marie Félicie Élisabeth Marvingt kam am 20. Februar 1875
gegen 18.30 Uhr in Aurillac in der Auvergne (Département
Cantal) zur Welt. Ihr Vater Félix Constant Marvingt war damals
48 Jahre alt, ihre Mutter Élisabeth Brusquin 32. Ihre Eltern
hatten am 16. Juli 1861 in Metz an der Mosel geheiratet. Der
Vater arbeitete als Postmeister in Metz, verließ diese Stadt aber
1870 nach der deutschen Besetzung.

Der sehr sportliche Vater versuchte erfolglos, mit seinem Sohn
Eugène (1878–1897), dem drei Jahre jüngeren Bruder von
Marie, seine Leidenschaft für den Sport zu teilen. Doch Eugène
kränkelte seit seiner Geburt, weswegen der Vater immer mehr
seine Tochter Marie sportlich förderte.

Von 1880 bis 1889 lebte die Familie Marvingt wieder in Metz
(Lothringen), das damals zu Deutschland gehörte. Es heißt,
Marie sei als Kind ein wahrer Wildfang gewesen. Bereits im
Alter von fünf Jahren konnte sie 4.000 Meter weit schwimmen.
Mit elf Jahren nahm sie an Radrennen teil. In Metz besuchte
sie die Privatschule „Sainte-Chrétienne".

Im Alter von 14 Jahren betrauerte Marie den Tod ihrer Mutter.
Danach verließ sie die Privatschule in Metz, zog mit ihrem
Vater und ihrem Bruder nach Nancy ins Département Meur-
the-et-Moselle (Lothringen) und versorgte deren Haushalt. In

Marie Marvingt bezwang als erste Frau
den 4.013 Meter hohen Berg Dent du Géant („Zahn des Riesen“).
Foto: Bertubertu / CC-BY-SA3.0 (via Wikimedia Commons),
lizensiert unter Creative Commons-Lizenz by-sa-3.0,
http://creativecommons.org/licenses/by-sa/3.0/legalcode

ihrer Freizeit las sie begeistert Bücher über Entdecker und Forscher. Dank ihres sportlichen Vaters betätigte sich die attraktive Marie in erstaunlich vielen Sportarten. Als der „Circus Rancy" 1890 in Nancy gastierte, bettelte die 15-jährige Marie ihren Vater, er solle ihr erlauben, einige Kunststücke der Artisten zu erlernen. Mit Zustimmung ihres Vaters übte sie dann Jonglieren, Seiltanzen, Trapezturnen und Kunststücke auf dem Rücken eines galoppierenden Pferdes. Direktor Alphonse Rancy, ein gefeierter Kunstreiter, brachte ihr persönlich so manches bei.

1890 fuhr Marie mit einem Boot auf der Meurthe, einem Nebenfluss der Mosel, und der Mosel selbst rund 400 Kilometer weit von Nancy nach Koblenz am Rhein in Deutschland. Ihr Bruder Eugène starb 1897 in jungen Jahren. 1899 erwarb sie den Führerschein für Automobile. Von Heirat und Hausarbeit wollte die junge Frau mit kurzen Haaren und markanter Nase nichts wissen. Sie sei mehr an Bergsteigen interessiert als an Geschirrspülen, erklärte sie. Auf Fotos machte sie – sei es in Fliegermontur, in hellem Pullover und dunkler Hose auf Skiern im Schnee oder mondäne Dame im Pelzmantel mit Perlenkette – immer eine gute Figur.

Mit 25 Jahren wurde Marie Marvingt 1900 französische Schießmeisterin. 1901 flog sie erstmals in einem Freiluft-Ballon mit. Zwischen 1903 und 1910 entwickelte sie sich zur Weltklasse-Bergsteigerin. Sie bezwang die meisten Gipfel in den französischen und schweizerischen Alpen sowie als erste Frau den 3.096 Meter hohen Buet und den 4.013 Meter hohen Dent du Géant („Zahn des Riesen"). An einem Tag unternahm sie zusammen mit Bergführern der Familie Payot aus Chamonix sogar zwei Aufstiege. Einer davon führte sie zum 3.445 Meter hohen Berg Aiguille des Grands Charmoz im Mont-Blanc-

Französischer Flieger Roger Sommer (1877–1965),
Foto: Library of Congress, Washington,
Prints and Photographs Division,
Urheber: Bain News Service

Massiv und der andere zum Grépon Pass. Für das Klettern erfand sie die praktische Rockhose.

Im Sommer 1906 schwamm Marie Marvingt bei einem Wettbewerb in der Seine rund 12,5 Kilometer weit innerhalb von vier Stunden elf Minuten 23 Sekunden durch Paris. Wegen der roten Farbe ihres Badeanzuges bezeichnete man sie in Zeitungen als „l'amphibie rouge". Im Folgejahr 1907 schwamm sie bei einem Wettbewerb in Toulouse etwa 20 Kilometer weit im Meer und wurde Siegerin. Damals galt sie als beste Schwimmerin in Frankreich.

Mit einem französischen Armee-Karabiner beteiligte sich Marie Marvingt 1907 an einem internationalen militärischen Wettschießen und ging als Sieger hervor. Sie war die einzige Frau, die jemals den Preis „Palms du Premier Tireur" („First Gunner Palms") des französischen Kriegsministers erhalten hat.

Am 19. Juli 1907 steuerte Marie Marvingt erstmals allein einen Freiluft-Ballon. Als 23-Jährige radelte sie 1908 bei der „Tour de France" mit, obwohl dies Frauen damals nicht erlaubt war. In Chamonix (Frankreich) gewann sie von 1908 bis 1910 mehr als 20 Preise in verschiedenen Wintersportarten.

Nach einem Besuch der Flugzeugfabrik der Brüder Gabriel Voisin (1880–1973) und Charles Voisin (1882–1912) in Châlons interessiert sich Marie Marvingt für den Motorflug. Während eines Einsatzes als Journalistin bei einer Luftfahrt-Veranstaltung begegnete sie im September 1909 dem französischen Luftfahrtpionier Roger Sommer (1877–1965). Mit ihm zusammen wagte Marie ihren ersten Motorflug. Danach gehörte sie zu den ersten Frauen in Frankreich, die Flugstunden nahmen. Für großes Aufsehen in der Öffentlichkeit sorgte Marie Marvingt am 26. Oktober 1909. Damals fuhr sie – zusammen mit einem männlichen Passagier und Assistenten namens Colonel

Émile Garnier – als erste Frau mit dem Freiluft-Ballon „L'étoile filante" („Shooting Star") über die Nordsee nach England. Darüber veröffentlichte sie 1910 in der „Deutschen Zeitschrift für Luftfahrt" einen spannenden Bericht mit dem Titel „Sturmfahrt im Ballon über die Nordsee".

Bei dieser abenteuerlichen Luftreise fiel plötzlich die Temperatur und es fing an, wie im Winter zu schneien und zu stürmen. Teile des Ballons vereisten und die beiden Insassen zitterten trotz ihrer dicken Pelze vor Kälte. Immer wieder erfolgten steile Abstiege des Ballons, bei denen das tobende Meer gefährlich nahe kam, und steile Aufstiege. Schließlich wasserte der Korb des Ballons sogar. Gleich nach dem Aufsetzen schlug eine schätzungsweise zehn Meter hohe Wasserwand an den Korb und zischend ergoss sich das Meerwasser über die beiden Insassen. Während dieser bangen Momente erinnerte sich Marie an ihren Beinamen „Braut der Gefahr", den ein alter Freund von ihr geprägt hatte.

Der jäh aus der Dunkelheit auftauchende Ballon jagte der Besatzung eines Fischerbootes in der Nordsee regelrecht Todesangst ein. Später zog in unmittelbarer Nähe des Ballons der Umriss eines Schiffes vorbei. Stundenlang wurden die beiden Ballonfahrer auf den Wellen hin und her geworfen. Plötzlich erblickten sie Bojen und am Horizont das Feuer eines Leuchtturms. Die Rettung schien nahe. Nur noch steile Klippen versperrten den Weg an Land. Wie durch ein Wunder wurde der Ballon mitsamt Korb von einer heftigen Windböe erfasst und über den felsigen Uferrand getragen. Bei der Landung wurde Marie aus dem Korb in ein Gebüsch geschleudert. Danach gewann der leichter gewordene Ballon mitsamt Passagier wieder an Höhe, blieb dann aber doch an einer Eiche hängen. Nach einem Kilometer Fußmarsch kam

Marie durchnässt, frierend und verdreckt im nächsten Ort an. Später traf auch ihr Passagier dort ein.

Am 25. Januar 1910 gewann Marie Marvingt bei der Damen-Bob-Weltmeisterschaft den „Coupe Léon Auscher" („Leon Auscher Cup"). Der frühere Wagenbauer und Autorennfahrer Léon Auscher (1866–1942) widmete sich damals bereits der Schriftstellerei und der Entwicklung des Berg- und Wintertourismus.

Erstaunliches vollbrachte Marie Marvingt auch mit dem Fahrrad. Einmal fuhr sie mit dem Rad von Nancy (Frankreich) nach Neapel (Italien), um dort einen Ausbruch des Vulkans Vesuv zu bewundern.

Mitte März 1910 erhielt Marie Marvingt von der französischen „Académie des Sports" eine Medaille „pour tous les sports" (für alle Sportarten). Eine solche Medaille konnte vor und nach ihr kein anderer Sportler in Frankreich entgegennehmen.

Am 10. Juni 1910 erwarb Marie Marvingt die Ballonfahrer-Lizenz (Lizenz Nr. 145 des „Aéro-Club de France"). Der französische Pilot Hubert Latham (1883–1912) brachte ihr in einem schwer zu fliegenden Eindecker des Typs „Antoinette" das Fliegen mit einem Motorflugzeug bei. Ihre Prüfung legte sie bei Châlons in der Champagne ab. Als weltweit dritte Frau erhielt sie am 8. November 1910 in Frankreich die Pilotenlizenz (Lizenz Nr. 281 des „Aéro-Club de France"). Vor ihr hatten 1910 – ebenfalls in Frankreich – Raymonde de Laroche (1884–1919) die Lizenz Nr. 36 und Marthe Niel (1878–1928) die Lizenz Nr. 226 erworben. Bereits 1910 trug Marie erstmals französischen Behörden ihre Idee einer Luftambulanz vor.

1910, 1911 und 1912 galt Marie Marvingt zeitweise als Anwärterin auf den Gewinn des „Coupe Fémina" („Fémina-

Erste Fliegerin in Frankreich:
Raymonde de Laroche (1884–1919).
Sie erhielt ihre Pilotenlizenz am 8. März 1910.
Foto: Library of Congress, Washington,
Prints and Photographs Division, Urheber: Bain News Service

Zweite Fliegerin in Frankreich:
Marthe Niel (1878–1928).
Sie erwarb ihre Pilotenlizenz
am 19. September 1910.
Foto: Archiv Dr. Dave Lam, Everberg, Belgien

Hélène Dutrieu (1877–1961)
Foto: Library of Congress,
Prints and Photographs Division, Washington,
Urheber: Bain News Service

Pokal"). Dieser Pokal war von Pierre Lafitte (1872–1938), dem Herausgeber der französischen Frauenzeitschrift „Fémina", zu Ehren weiblicher Piloten gestiftet und mit 2.000 Francs dotiert worden. Er sollte jeweils der französischen Fliegerin zugesprochen werden, die bis zum Jahresende in Frankreich die weiteste Flugstrecke ohne Zwischenlandung schaffte. Am 27. November 1910 flog Marie in Mourmelon 53 Kilometer weit in 53 Minuten. Doch Hélène Dutrieu (1877–1961) übertrumpfte sie am 22. Dezember 1910 mit 167,2 Kilometern in 2 Stunden 35 Minuten und am 31. Dezember 1910 sogar mit 254 Kilometern. In Turin (Italien) stellte Marie 1911 mit einer Flugstrecke von 40 Kilometern den Damen-Weltrekord im Weitfliegen auf. Entgegen verschiedener Aussagen in der Literatur hat sie aber nie den „Coupe Féminia" gewonnen. Der Pokal ging auch 1911 an Hélène Dutrieu und 1913 an Raymonde de Laroche. Im Jahre 1912 wurde dieser Pokal nicht vergeben.

Die französische Armee-Führung hielt zunächst nichts von dem Vorschlag von Marie Marvingt, man solle verletzte und kranke Soldaten aus der Luft versorgen. 1912 ließ Marie in der Flugzeugfabrik „Société de Production des Aéroplanes Deperdussin" („SPAD") von Armand Deperdussin (1860–1924) ein Flugzeug nach ihren Plänen bauen und ausrüsten. Doch diese Maschine ist nie ausgeliefert worden. Denn Mitte August 1913 wurden betrügerische Praktiken von Deperdussin bekannt. 1917 verurteilte man den Unternehmer zu fünf Jahren Gefängnis. Deswegen geriet Deperdussin in Finanzierungsprobleme. Er musste nicht nur die in Konkurs geratene Firma „SPAD" verkaufen", sondern verlor auch seinen Wohnsitz auf Château des Barilliers in Chambray-lès-Tours. Die Flugzeugwerke „SPAD" wurden 1921 vom

Marie Marvingt (1875–1963),
Foto: Library of Congress,
Prints and Photographs Division, Washington,
Urheber: Bain News Service

französischen Unternehmen „Blériot Aéronautique" übernommen. Am 11. Juni 1924 starb Deperdussin im „Krankenhaus Lariboisière" in Paris nach einem Selbstmordversuch.

Marie Marvingt nahm auch Kontakt mit Ärzten auf, die ihre
Idee für eine Luftambulanz teilten. Dr. Auguste Duchaussoy
(1827–1918) organisierte ein Treffen mit Regierungsvertretern
im April 1912, bei dem über die Konstruktion einer Luftambulanz diskiert wurde. Dr. Eugène Chassing (1876–1968)
konnte die französische Regierung davon überzeugen, das
Konzept der Luftambulanz ab 1917 mit jeweils einer Maschine
des Typs „Dorand AR-2" und „Breguet 14" zu testen.

Über Marie Marvingt heißt es, sie habe im Laufe ihres Lebens
insgesamt schätzungsweise 900 Flüge ohne folgenschweren
Unfall absolviert, was zu ihrer Zeit ein Rekord gewesen sei.
Diese Behauptung entspricht allerdings nicht ganz der
Wahrheit. Denn am 12. Dezember 1913 erlebte sie ihren ersten
Absturz, worüber die Zeitung „Le Figaro" am 3. Januar 1914
berichtete. Marie wurde bei einem Flug von Reims aus vom
Nebel überrascht und versuchte in der Gegend von Machault
in den Ardennen auf einer Lichtung eine Notlandung. Im
weichen Erdboden blieb ihre Maschine stecken, überschlug
sich und begrub Marie. Ihr Helm wurde vollständig in den
Boden gedrückt, ihr Gesicht war in Blut gebadet. Zum Glück
konnte sie mit der linken Hand die Erde um ihren Mund
beseitigen, um Luft holen zu können. Einem Mann, der
herbeieilte und sie für tot hielt, schrie sie zu, er sollte nicht
rauchen, weil sie von Benzin übergossen war. Erst nachdem
weitere Männer zum Absturzort gekommen waren, konnte
die Maschine gehoben und Marie aus ihrer misslichen Lage
befreit werden. Mit einem Auto brachte man sie zunächst nach

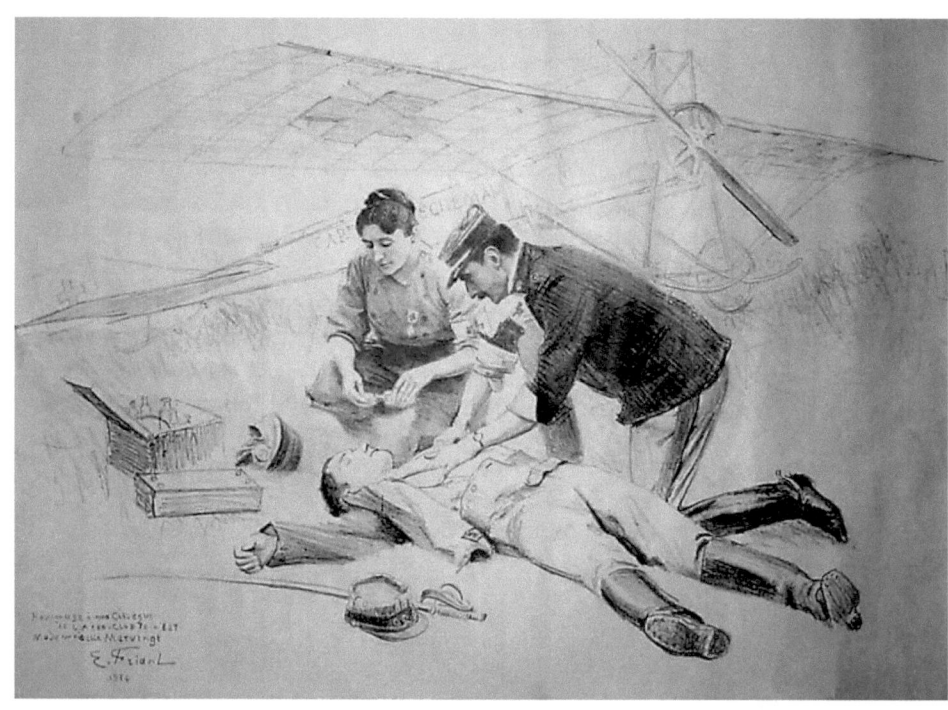

Bild des französischen Malers Émile Friant (1863–1932)
aus dem Jahre 1914,
das Marie Marvingt (rechts oben) bei der medizinischen Versorgung
eines verwundeten Soldaten zeigt,
wobei sie vom Militärarzt Georges Gille aus Nancy
unterstützt wird.

Machault und später von dort aus in die „Gueillot-Klinik" nach Reims, wo sie sich von ihren Rückenverletzungen erholte. Als Erinnerung an diesen Absturz blieben einige große Narben. Nach Ausbruch des Ersten Weltkrieges (1914–1918) meldete sich Marie Marvingt freiwillig als Krankenschwester für das „Rote Kreuz". Erneut legte sie ihre Idee einer Luftambulanz vor und fand damit wieder kein Gehör. 1914 entstand ein Bild des französischen Malers Émile Friant (1863–1932), das Marie bei der medizinischen Versorgung eines verwundeten Soldaten zeigt, wobei sie vom Militärarzt Georges Gille aus Nancy unterstützt wird. Hinter ihr steht ein Rettungsflugzeug, das es damals noch gar nicht gab. Jenes Motiv zierte später eine Postkarte, mit der für die Luftambulanz geworben wurde.

Mit Einverständnis eines jungen Leutnants trat die mittlerweile 39 Jahre alte Marie Marvingt 1914 als „Soldat 2. Klasse" in das französische 42. Infanterie-Bataillon ein und verkleidete sich als Mann. Sie diente an der Front in einem Schützengraben, bis sie als Frau entlarvt und nach Hause geschickt wurde. Mit Billigung von Marschall Ferdinand Foch (1851–1929) nahm Marie später an Kampfhandlungen eines Jägerregiments (3. Regiment der Alpini) in den italienischen Dolomiten teil. Außerdem soll sie sich als Spionin an der italienischen Front betätigt haben, was jedoch nicht belegt ist.

Ab 1915 flog Marie Marvingt als freiwillige Pilotin bei der französischen Luftwaffe und warf Bomben auf die deutsche Kaserne in Metz (Lothringen) ab. Nach Ansicht des belgischen Luftfahrt-Experten Dave Lam war sie der erste weibliche Pilot, der an Kampfhandlungen teilgenommen hat. Für ihre Luftangriffe auf die deutsche Militärbasis in Metz

Ausschnitt aus einem Foto
von Marie Marvingt (1875 – 1963).
Foto: Archiv Dr. Dave Lam, Everberg, Belgien

zeichnete man Marie mit dem „Croix de Guerre mit Palmen" aus. 1916 starb ihr Vater.

Nach dem Ersten Weltkrieg betätigte sich Marie Marvingt als fliegende Kriegsreporterin und Krankenschwester in Nordafrika. Zusammen mit Robert Charlet und anderen gründete sie die Organisation „Les Amies de l'Aviation Sanitaire" („Freundinnen der Luftsanität"), deren Vizepräsidentin sie wurde Mit mehr als 6.000 Vorträgen warb sie für ihre Idee einer Luftambulanz. Bei den Kolonialkriegen der Franzosen und Briten in den 1920-er Jahren zeigte sich, wie nützlich eine Luftambulanz und ein Luft-Evakuierungssystem sein konnten. Am 20. November 1920 wurde der Aero-Club „Les Vieilles Tiges" für Piloten, Luftfahrtpioniere und Freunde der Luftfahrt gegründet. Marie Marvingt war Vollmitglied dieses Clubs. Zusammen mit Charles Richet, Robert Charlet und Eugéne Chassaing organisierte Marie Marvingt 1929 den „Ersten internationalen Kongress über Medizinische Aviatik" („First International Congress on Medical Aviation"), an dem 41 Nationen teilnahmen.

1931 schuf Marie Marvingt die „Challenge Capitaine-Écheman". Diese sollte einen Preis für das am besten für eine Luftambulanz geeignete zivile Flugzeug vergeben.

Endlich ging die französische Regierung 1934 auf den Vorschlag einer Luftambulanz ein. Marie Marvingt wurde beauftragt, im französischen Protektorat Marokko einen zivilen Flugrettungsdienst einzurichten. Für diese verdienstvolle Arbeit hat die marokkanische Regierung sie 1934 mit der Friedensmedaille („Medaille de la Paix du Maroc") geehrt. Während ihres Aufenthaltes in dem nordafrikanischen Land drehte sie 1934 den Film „Les Ailes qui Sauvent" und 1935 den Film „Sauvés par la Colombe". Diese beiden Dokumentarfilme schildern die Geschichte, die Entwicklung und den Einsatz der Luftambulanz. Daran wirkte Marie als Regisseurin, Drehbuchautorin und Schauspielerin mit. Damals entwickelte sie Trainingskurse für die „Infirmières de l'Air" („Nurses of the Air").

Am 24. Januar 1935 ernannte man Marie Marvingt zum „Ritter der Ehrenlegion" („Chevalier de la Legion d'honneur"). 1935 wurde sie die erste Frau, die sich als „fliegende Krankenschwester" qualifizierte". Nun hatte sie ein weiteres großes Ziel erreicht.

Die vielseitige Marie Marvingt tat sich auch als Erfinderin eines Metallski hervor. Damit sollten Flugzeuge in der Wüste landen und starten können. In Marokko eröffnete sie die erste Skischule, in der man mit Metallskiern auf Sanddünen fuhr. Am 5. November 1937 wurde sie zum „Chevalier dans l'Ordre de la Santé publique" ernannt.

Zu Beginn des Zweiten Weltkrieges (1939–1945) hob Marie ein Erholungsheim für verwundete französische Flieger aus der Taufe. Während des Krieges diente sie als Operationsschwester und erfand sie eine neue Art von chirurgischem Nähmaterial.

Für ihre Bücher „La Fiancée du Danger" und „Ma Traversée de la Mer du Nord en Ballon" sprach die „Women's Aeronautical Association" in Los Angeles (Kalifornien) 1948/ 1949 Marie Marvingt den internationalen Literaturpreis zu. Ab 1949 war sie „Offizier der Ehrenlegion" („Officier de la Légion d'honneur"). 1950 verlieh man ihr die „Medaille der Stadt Nancy" („Médaille de la Ville de Nancy")

Man kann es kaum glauben: Außer im Sport und im Sanitätswesen war Marie Marvingt auch in der Schauspielerei, im Tanz, im Gesang, der Malerei, in der Skulptur und in der Literatur aktiv. Unter dem Pseudonym „Myriel" schrieb sie Romane, Essays und preisgekrönte Gedichte.

Für ihre Arbeit bei der Entwicklung von Flugzeugen in der Sanitätsambulanz verlieh die „National Fédération Aéronautique" an der Sorbonne am 30. Januar 1955 Marie Marvingt den großen Preis „Deutsch de la Meurthe". Henri Deutsch de la Meurthe (1846–1919) galt als „Öl-König von Europa" und war Gründer des „Aero-Club de France".

Anlässlich ihres 80. Geburtstages am 20. Februar 1955 flog die rüstige Jubilarin mit einem US-Luftwaffen-Offizier von der „Toul-Rosieres Air Base" in einem amerikanischen Militär-Düsenjäger des Typs „McDonnell F-101 Voodoo" mit. Bei diesem Flug über ihrem Wohnort Nancy wurde angeblich die Schallmauer durchbrochen.

1957 konnte sich Marie Marvingt über die Goldmedaille „Médaille d'Or de l'Education Physique" und die Silbermedaille „Médaille d'Argent du Service de Sainté de l'air" der „Air Force" freuen.

Bis ins hohe Alter legte Marie Marvingt auf eine gesunde Ernährung und Lebensweise großen Wert. Tagsüber aß sie ein halbes Dutzend Snacks statt großer Mahlzeiten. Zu ihrer „Diät" gehörten rotes Fleisch, viel Schokolade, Zucker und Früchte. Dagegen vermied sie gewürzte und gekochte Speisen, Brot und Alkohol. Noch mit 83 besaß sie alle natürlichen Zähne, worauf sie sehr stolz war. Beim Schlaf genügten ihr vier oder fünf Stunden.

Erstaunlicherweise fuhr Marie Marvingt 1961 noch mit 86 Jahren per Fahrrad von Nancy nach Paris, wo sie mit einem von ihr gesteuerten Hubschrauber über der Hauptstadt kreiste. Damit gebührt ihr die Ehre, die einzige Frau gewesen zu sein, die mit dem Ballon, Motorflugzeug, Wasserflugzeug und

Gedenktafel an der Vorderseite des Hauses Nummer 8
auf dem „Place de la Carrière" in Nancy,
in dem Marie Marvingt lange Zeit gewohnt hat.
Foto: Lal.sacienne / CC-BY-SA3.0 (via Wikimedia Commons),
lizensiert unter Creative Commons-Lizenz by-sa-3.0,
http://creativecommons.org/licenses/by-sa/3.0/legalcode

Hubschrauber fliegen konnte. Ihre letzte medizinische Untersuchung als Pilotin war am 2. August 1956 mit 81 erfolgt, ihre private Pilotenlizenz drei Jahre zuvor mit 83 erloschen. Aber die Behörden drückten beide Augen zu.

Am 14. Dezember 1963 ist Marie Marvingt im Alter von 88 Jahren in einem Seniorenheim der Schwestern von „Sainte Charles" im Vorort Laxou von Nancy gestorben. Drei Tage später erfolgte ihre Totenmesse in Saint-Epvre. Ihr Grab befindet sich auf dem Friedhof „Cimetière de Préville" in Nancy, jener Stadt, in der sie lange gelebt hatte. Mit mindestens 34 Medaillen und Auszeichnungen sowie 17 Weltrekorden gilt sie als die am meisten dekorierte Frau in Frankreich. Ihr Lebensmotto lautete: „Vouloir savoir et savoir vouloir" („Wissen wollen und es können wollen"). Von ihr ist der Ausspruch überliefert: „Ich habe stets an die Schwingen geglaubt, die Barmherzigkeit bringen."

Im Laufe ihres bewegten Lebens praktizierte Marie Marvingt unglaublich viele Sportarten wie Schwimmen, Bergsteigen, Rad-, Ski-, Bob- und Kanufahren, Rodeln, Eisschnell-Laufen, Boxen, Ringen, Karate, Fechten, Schießen, Golf, Billard, Tennis, Fußball, Wasserball, Reiten, Leichtathletik, Hockey und Fliegen. Sie lernte, Ballone zu steuern, Flugzeuge und Hubschrauber zu fliegen, Lokomotiven und Dampfschiffe zu führen, Robben oder Panther zu jagen. Kein Wunder, dass man sie „Braut der Gefahr", „Königin der Lüfte", „Marie Draufgänger", „größte Sportlerin des Jahrhunderts" oder „unglaublichste Frau seit Jeanne d'Arc" nannte. Zu ihren Aktivitäten gehörten Artistik und Schauspielerei, Schreiben, Dichten, Malen, Zeichnen, Musizieren (Kornett), Singen, Tanzen, Handlesen, Erfinden, Meteorologie, Phrenologie, Psychologie, Hypnose, Graphologie, und Taxidermie (Kunst der Haltbarmachung von Tierkörpern). Insgesamt beherrschte sie fünf oder sogar sieben Sprachen und besaß ein Diplom für Esperanto. Als eine der ersten Frauen soll sie sich für Höhlenforschung interessiert haben. Die unverheiratete und kinderlose Marie gilt als engagierte Feministin, war aber politisch nicht aktiv. Ihr Lebensziel soll es gewesen sein, zu zeigen, dass eine Frau genau so fähig sei wie ein Mann, vielleicht sogar fähiger.

In der Literatur über Marie Marvingt ist zu lesen, sie sei zeitweise in ihrem Heimatland in Vergessenheit geraten. Außerhalb von Frankreich habe man sie kaum gekannt. In Wirklichkeit sind in ihrer Heimat jedoch Straßen (Angers, Aurillac, Epinal, Reims, Straßburg), Gymnasien (Ludres, Tallard), Schulen (Vézelise), Kindergärten (Saint-Nicolas-de-Port), Turnhallen (Tomblaine), andere Gebäude, Sportflugplätze (bei Aurillac) und Luftfahrtclubs nach ihr benannt. Zahlreiche Bücher und Artikel im Internet über die Anfänge der Luftfahrt würdigen ihre Verdienste für die Luftambulanz. An der Vorderseite des Hauses Nummer 8 auf dem „Place de la Carrière" in Nancy, in dem sie gewohnt hat, ist eine Gedenktafel angebracht. Am 29. Juni 2004 wurde in Frankreich an sie mit einer Gedenkbriefmarke im Nennwert von 5 Euro erinnert. Erstmals im Mai 2005 vergaben die französische „Aviation and Space Medicine Society" („SOFRAMAS") und die amerikanische „Aerospace Medical Association" einen nach Marie Marvingt benannten Preis für Verdienste in der Luftfahrt-Medizin. Am 17. Februar 2007 nahm man Marie in die „Women in Aviation Pinoeer Hall of Fame" auf.

Literatur

CORDIER, Marcel / MAGGIO, Rosalie: Marie Marvingt, la femme d'un siècle, Sarreguemines 1991,

EARLY AVIATORS: Marie Marvingt (1875–1963)
http://www.earlyaviators.com/emarving.htm

HARGRAVE THE PIONEERS
Marie Marvingt „La Fiancée du Danger" (1875–1963)
http://www.ctie.monash.edu.au/hargrave/marvingt.html

LAM, David M.: Marie Marvingt and the Development of Aeromedical Evacuation. Aviation, Space, and Environmental Medicine (Aerospace Medical Association) 74 (8), S. 863–868, August 2003

MARVINGT, Marie: La Fiancée du Danger (Fiancee of Danger), o. J.

MARVINGT, Marie: Ma Traversée de la Mer du Nord en Ballon (My North Sea Crossing in a Balloon), o. J.

MARVINGT, Marie: Les Ailes qui Sauvent (Wings which Save), 1949

MARVINGT. Marie: Sauvés par la Colombe, 1950

PROBST, Ernst: Königinnen der Lüfte von A bis Z, München 2010

SCHMITT, Günther: Marie Marvingt. In: Die Ladys in den fliegenden Kisten, S. 35–37, Berlin 1993

WIKIPEDIA (Online-Lexikon) Marie Marvingt (deutsch)
http://de.wikipedia.org/wiki/Marie_Marvingt

WIKIPEDIA (Online-Lexikon) Marie Marvingt (englisch)
http://en.wikipedia.org/wiki/Marie_Marvingt

WIKIPEDIA (Online-Lexikon) Marie Marvingt (französisch)
http://fr.wikipedia.org/wiki/Marie_Marvingt

Sophie Blanchard (1778–1819)
Bild: Reproduktion eines Kupferstiches von Jules Porreau
aus dem Jahre 1859, der nach ihrem Tod entstand

Frauen in der Luftfahrt

4. Juni 1784: Die französische Opernsängerin Elisabeth Thible, nach anderer Schreibweise auch Tible, fliegt in Lyon als erste Frau in einem Heißluftballon (Montgolfière) mit.

10. November 1798: Die Französin Jeanne Labrosse (1775–1845), die Ehefrau des Luftakrobaten André-Jacques Garnerin (1769–1823), unternimmt als erste Frau selbstständig einen Flug in einem Ballon.

12. Oktober 1799: Jeanne Labrosse wagt als erste Frau der Welt aus einer Höhe von rund 900 Metern einen Fallschirmsprung.

7. Juli 1819: Die erste professionelle Luftschifferin Frankreichs, Madeleine Sophie Blanchard (1778–1819), kommt in Paris bei einer Ballonfahrt als erste Frau beim Fliegen ums Leben.

Um 1850: Die französische Fallschirmspringerin Rosalie Poitevin (1819–1908) stellt in Parma (Italien) mit einem Sprung aus rund 2.000 Metern einen Frauenrekord auf, der erst 1931 von der Deutschen Lola Schröter (1906–1953) überboten wird.

4. Juli 1880: Mary Hawley Myers (1849–1932) unternimmt in Little Falls (New York) als erste Amerikanerin einen Alleinflug mit einem Ballon.

19. Juli 1893: Käthe Paulus (1868–1935) unternimmt in Nürnberg (Bayern) zusammen mit ihrem Verlobten Hermann Lattemann (1852–1894) ihren ersten Ballonflug. Sie gilt als erste Luftschifferin in Deutschland.

1893: Die Luftschifferin Käthe Paulus wird in Elberfeld bei Wuppertal die erste deutsche Fallschirmspringerin.

9. Juli 1903: Die Amerikanerin Aida de Acosta (1884–1962) unternimmt in Paris als erste Frau einen Alleinflug in einem lenkbaren Luftschiff.

1906: Die Amerikanerin E. Lillian Todd (1865–1937) entwirft und baut als erste Frau ein Flugzeug, das allerdings nie fliegt.

8. Juli 1908: Die französische Bildhauerin Thérésè Peltier (1873–1926) unternimmt in Turin (Italien) an Bord eines Doppeldeckers zusammen mit dem französischen Piloten Léon Delagrange (1873–1910) den ersten Flug mit einem weiblichen Passagier.

7. Oktober 1908: Edith Berg fliegt als erste Amerikanerin in Le Mans (Frankreich) in einem Flugzeug mit. Sie ist eine Passagierin des amerikanischen Luftpioniers Wilbur Wright (1867–1912) und die Ehefrau von Hart O. Berg, des europäischen Agenten von Wright.

26. Oktober 1909: Die Französin Marie Marvingt (1875–1963) fliegt als erste Frau mit einem Ballon von Frankreich nach England.

8. März 1910: Die französische Schauspielerin Raymonde de Laroche (1844–1919) wird die erste Pilotin der Welt.

9. April 1910: Hélène Dutrieu (1877–1961) wird die erste Pilotin in Belgien.

19. April 1910: Hélène Dutrieu fliegt als erste Frau der Welt einen Passagier.

Sommer 1910: Hilda Hewlett (1864–1943) wird Mitbegründerin der ersten Flugschule in England.

2. September 1910 (oder 6. September oder Mitte Oktober): Blanche Stuart Scott (1889–1970) wird angeblich die erste amerikanische Pilotin. Ihr Flug wird von der „Aeronautical Society of America" nicht anerkannt, weil er zufällig erfolgt.

16. September 1910: Bessica Medlar Raiche (1875–1932) wird angeblich die erste amerikanische Pilotin.

8. November 1910: Marie Marvingt wird die dritte Frau mit Pilotenlizenz in Frankreich.

1. August 1911: Harriet Quimby (1875–1912) wird die erste Amerikanerin mit Pilotenlizenz.

10. August 1911 (4. September 1911) : Lidija Swerewa (1890–1916) wird die erste Pilotin in Russland.

17. August 1911: Matilde Moissant (1878–1964) wird die zweite Amerikanerin mit Pilotenlizenz.

29. August 1911: Hilda Hewlett wird erste Britin mit Pilotenlizenz.

4. September 1911: Harriet Quimby unternimmt als erste Frau einen Nachtflug.

13. September 1911: Melli Beese-Boutard (1886–1925) legt als erste Deutsche die Pilotenprüfung ab.

10. Oktober 1911: Beatrix de Rijk (1883–1958) wird eine der ersten Pilotinnen in Holland.

Dezember 1911: Die Amerikanerinnen Harriet Quimby und Matilde Moisant (1878–1964) unternehmen als erste Pilotinnen einen Flug über Mexiko.

16. April 1912: Harriet Quimby überfliegt als erster weiblicher Pilot den Ärmelkanal (Englischer Kanal).

Juli 1912: Lilly Steinschneider (1891–1975) wird die erste Pilotin in Österreich-Ungarn.

2. September 1912: Die Französin Jeanne Pallier (1871–1939) fliegt bei ihrer Pilotenprüfung als erste Frau über Paris.

1912: Die Pilotin Ruth Law (1887–1970) fliegt als zweite Amerikanerin bei Nacht.

21. November 1912: Die russische Pilotin Ljuba Galanschikoff (1884–1968) stellt einen Höhenweltrekord für Frauen auf. Sie

erreicht mit einem geliehenen Fokker-Eindecker eine Höhe von 2.000 Metern.

5. Januar 1913: Rosina Ferrario (1888–1959) erhält als erste Pilotin in Italien vor dem Ersten Weltkrieg eine Fluglizenz.

31. Juli 1913: Die amerikanische Pilotin Alys McKey („Tiny") Bryant (1880–1954) unternimmt in Vancouver den ersten Flug einer Frau in Kanada. Ihre Flüge in Kanada waren Teil des Unterhaltungsprogramms für den Prinzen von Wales und den Herzog von York, die Vancouver und Victoria besuchen.

20. August 1913: Ljuba Galanschikoff unternimmt zusammen mit dem Piloten Léon Letort (1888–1913) den ersten Flug innerhalb eines Tages von Berlin nach Paris.

September 1913: Katherine Stinson (1891–1977) betätigt sich in Montana als erste Luftpostpilotin der USA.

1913: Hélène Dutrieu wird erstes weibliches Mitglied der „Pariser Luftwache" und schützt die französische Hauptstadt im Ersten Weltkrieg (1914–1918) vor Angriffen deutscher Flugzeuge und Militärluftschiffe.

19. Mai 1914: Die russische Pilotin Lydija Swerewa (1890–1916) fliegt in Riga (Litauen) als erste Frau einen Looping (Kunstflugfigur in senkrechter Kreisbahn).

6. Juni 1914: Else Haugk (1889–1973) wird die erste Pilotin der Schweiz.

1914: Prinzessin Eugenie Michailowna Shakhovskaya (1889–1920) wird die erste russische Militärpilotin. Sie unternimmt als Fähnrich im Dienste des Zaren etliche Aufklärungsflüge.

1915: Die Schwestern Marjorie Stinson (1896–1975 und Katherine Stinson (1891–1977) betreiben mit ihrer Mutter Emma Beaver Stinson in Texas die erste von Frauen geleitete Flugschule.

17. Januar 1915: Ruth Law (1887–1970 wagt in Daytona Beach (Florida) als erste amerikanische Pilotin einen Looping. Ihrer Landsmännin Katherine Stinson glückt dieses Kunststück am 18. Juli 1915 über dem Flugplatz „Cicero Field" in Chicago.

1915: Nahdeshda Degtera, deren Geburts- und Todesdatum unbekannt sind, ist die erste russische Pilotin, die bei einem Kampfeinsatz im Ersten Weltkrieg verwundet wird.

1916: Die Deutsche Käthe Paulus erfindet den zusammenlegbaren Fallschirm.

12. Juli 1919: Raymonde de Laroche stellt einen Höhenrekord für Frauen auf (4.800 Meter).

1919: Ruth Law befördert als erster Flieger Luftpost zu den Philippinen.

30. Mai 1920: Elsa Andersson (1897–1922) wird die erste schwedische Pilotin.

15. August 1920: Die amerikanische Pilotin Laura Bromwell (1899–1920) fliegt 87 Loopings und schafft damit einen Weltrekord.

1. April 1921: Die französische Pilotin Adrienne Bolland (1896–1975) fliegt als erste Frau über die Anden.

Mai 1921: Laura Bromwell fliegt 199 Loopings und stellt damit einen neuen Weltrekord auf.

15. Juni 1921: Die schwarze Amerikanerin Bessie Coleman (1893–1926) erhält in Frankreich ihre Fluglizenz und wird die erste afro-amerikanische Pilotin.

2. Oktober 1921: Elsa Andersson ist nach einem Absprung in Kristianstad die erste schwedische Fallschirmspringerin.

8. April 1922: Teresa de Marzo (1903–1986) wird die erste Pilotin in Brasilien.

1922: Tadashi Hyodo (1899–1980) wird die erste Pilotin in Japan.

3. September 1922: Bessie Coleman unternimmt den ersten öffentlichen Flug einer afro-amerikanischen Pilotin in den USA. Dabei springt der farbige Stuntman Hubert Fauntleroy Julian mit einem Fallschirm ab.

Oktober 1922: Lillian Gatlin aus Santa Ana (Kalifornien) wird die erste Passagierin bei einem Flug über Amerika. Sie reist von San Francisco (Kalifornien) nach Mineola (New York).

Der 2.680 Meilen-Nonstop-Flug dauert 27 Stunden 11 Minuten.

1925: Thea Rasche (1899–1971) wird erste Deutsche mit Kunstflugschein.

1925: Kwon Ki-ok (1901–1988) wird die erste Pilotin aus Korea.

1925: Lady Mary Heath (1896–1939) erhält als erste Frau in Großbritannien eine kommerzielle Fluglizenz.

28. März 1927: Millicent Maude Bryant (1878–1927) wird die erste Pilotin in Australien.

Mai 1927: Lady Mary Heath stellt mit 17.000 Fuß (umgerechnet 5.100 Meter) einen Höhen-Weltrekord für Leichtflugzeuge auf.

Ende August 1927: Prinzessin Anne Löwenstein-Wertheim (1864–1927) scheitert beim Versuch einer Atlantiküberquerung von England nach Amerika und kommt dabei ums Leben.

September 1927: Elinor Smith wird im Alter von 16 Jahren die damals jüngste Pilotin der USA.

Oktober 1927: Die Amerikanerin Ruth Elder (1902–1977) scheitert beim Versuch einer Atlantiküberquerung von England nach Amerika.

1927: Phoebe Fairgrave Omlie (1902–1975) wird die erste von der „Civil Aeronautics Administration" („CAA") zugelassene Flugzeugmechanikerin der USA.

1927: Lady Mary Heath unternimmt als erste Frau einen Alleinflug von Südafrika nach England.

1927: Die irische Pilotin Mary Bayley (1890–1960) fliegt als erste Frau über die Irische See.

Januar 1928: Ruth Rowland Nichols (1901–1960) unternimmt zusammen mit dem Piloten Harry Rogers den ersten Nonstop-Flug von New York nach Miami (Florida).

17. und 18. Juni 1928: Die amerikanische Fliegerin Amelia Earhart (1897–1937) fliegt zusammen mit dem Piloten Wilmer Stultz (1899–1929) und dem Mechaniker Louis Gordon von New York nach Paris. Sie ist die erste Frau, die an Bord eines Flugzeuges den Atlantik überquert.

27. Juli 1928. Lady Mary Heath fliegt als erste Frau der Welt ein Passagierflugzeug. Der Start erfolgt in Amsterdam (Niederlande), die Landung in Croydon (Großbritannien).

1928: Maryse Bastié (1898–1952) erwirbt als erste Französin den Führerschein für Passagierflugzeuge.

1928: Die deutsche Pilotin Marga von Etzdorf (1907–1933) wird erste Kopilotin der „Deutschen Luft Hansa" (damalige Schreibweise).

1928: Die irische Pilotin Mary Heath fliegt als erste Frau allein vom „Kap der Guten Hoffnung" (Südafrika) nach Kairo (Ägypten).

1928: Die amerikanische Pilotin Phoebe Fairgrave Omlie fliegt als erste Frau mit einem Leichtflugzeug über die Rocky Mountains.

Oktober 1928: Die deutsche Pilotin Erika Naumann stellt zusammen mit dem schweizerischen Fliegerhauptmann Wirth bei einem Flug von Böblingen (Süddeutschland) nach Wilna (Litauen) einen Weltrekord auf. Die Flugstrecke beträgt 1.305 Kilometer.

17. Dezember 1928: Die amerikanische Pilotin Marjorie Stinson wird bei der Gründungsversammlung der „Early Birds" in Chicago das erste weibliche Mitglied. Bedingung für die Aufnahme bei den „Early Birds" ist für Amerikaner, dass sie bereits vor dem Eintritt der USA in den Ersten Weltkrieg am 17. Dezember 1916 erstmals allein geflogen sind. Für Piloten aus Europa gilt der 4. August 1914 als Stichtag für die Aufnahme bei den „Early Birds".

1928/1929: Mary Bailey (1890–1960) fliegt als erste Frau allein von England nach Südafrika und wieder zurück. Hinflug vom 9. März bis 30. April 1928, Rückflug vom September 1928 bis 16. Januar 1929.

2. Januar 1929: Evelyn („Bobby") Trout unternimmt in Los Angeles (Kalifornien) als erste Frau einen Ganze-Nacht-Flug, der 12 Stunden 11 Minuten dauert.

1929: Florence „Pancho" Barnes" (1901–1975) wird die erste amerikanische Stuntpilotin. Sie wirkt in dem Film „Hells Angels" mit, der 1929 in die Kinos kommt.

1929: Phoebe Fairgrave Omlie wird die erste amerikanische Transportpilotin.

1929: Ilse Esser (1898–1994) promoviert als erste Deutsche in Luftfahrttechnik.

August 1929: Die britische Reporterin Grace Marguerite Hay Drummond-Hay (1895–1946) fliegt als erste Frau mit einem Luftschiff um die Welt. Der Flug erfolgt im deutschen Luftschiff „LZ-127 Zeppelin".

18. bis 26. August 1929: Die amerikanische Pilotin Louise Thaden (1905–1979) gewinnt das erste „Cleveland Women's Air Derby", den ersten Überlandflug-Wettbewerb für Pilotinnen, der scherzhaft als „Powder-Puff-Derby" bezeichnet wird. Der Start erfolgt in Santa Monica (Kalifornien), Ziel ist Cleveland (Ohio), gesamte Flugstrecke mehr als 2.700 Meilen (rund 4.500 Kilometer). Zweite wird Gladys O'Donnel, Dritte Amelia Earhart. Beim legendären „Powder-Puff-Derby" gehen insgesamt 20 Pilotinnen an den Start, von denen 18 aus den USA stammen: Florence („Pancho") Barnes, Marvel Crosson, Amelia Earhart, Ruth Elder, Claire Fahy, Edith Foltz, Mary Haizlip, Jessie Keith-Miller (Australien), Opal Kunz, Ruth Nichols, Blanche Noyes, Gladys O'Donnell, Phoebe Omlie, Neva Paris, Margaret Perry, Thea Rasche (Deutschland), Louise Thaden, Bobbi Trout, Mary von Mach und Vera Dawn Walker. Davon erreichen 13 Frauen das Ziel. Den scherzhaften

Begriff „Powder-Puff-Derby" („Puderquastenrennen") hat der Komiker Will Rogers (1879–1935) geprägt. Er beruht auf dem Kosmetik-Utensil, mit dem sich die Pilotinnen nach den Landungen puderten.

2. November 1929: Amelia Earhart gründet zusammen mit vier anderen bekannten Pilotinnen auf dem Flugplatz „Curtiss Field" in Valley Stream, Long Island (New York), den „Club der Neunundneunzig" („Ninety Nines"), der die Stellung der Frauen in der Luftfahrt stärken soll. Einen solchen Club hatte Clara Trenckman Studer, eine flugbegeisterte Assistentin und Helferin ohne Pilotenschein, angeregt. Die Einladung zur Gründungsversammlung war am 9. Oktober 1929 an 117 Pilotinnen in den USA verschickt und von Fay Gillis, Margorie Brown, Frances Harrel und Neva Paris unterzeichnet worden. Zur Gründungsversammlung kommen 26 Pilotinnen nach Valley Stream, nur vier davon mit dem Flugzeug, die anderen wegen schlechten Wetters mit dem Zug. Ein zweites Treffen erfolgt am 14. Dezember 1929 in New York City. Dabei macht Jean Davis Hoyt (gestorben 1988) den Vorschlag, den Club nach der Zahl der Frauen in den USA zu benennen, die einen Pilotenschein besitzen und Interesse an der Gründung des Clubs zeigen. Neva Paris soll die Wahl einer Präsidentin koordinieren, doch sie kommt Anfang 1930 bei einem Flugzeugabsturz ums Leben. Louise Thaden fungiert als „provisorische Präsidentin" des Clubs. Bald gehörten 99 Fliegerinnen zum Club und dessen Name steht fest. 1931 wird Amelia Earhart zur Präsidentin gewählt und bleibt dies bis 1933. „Ninety Nines" behauptet sich bis heute und zählt derzeit weltweit mehr als 20.000 Mitglieder.

November 1929: Die amerikanischen Pilotinnen Evelyn („Bobby") Trout (1906–2003) und Elinor Smith (geboren 1911) unternehmen den ersten Frauenflug mit Luftbetankung.

Dezember 1929: Amy Johnson (1903–1941) wird die erste Flugzeugmechanikerin in Großbritannien.

5. bis 24. Mai 1930: Die britische Pilotin Amy Johnson-Mollisson (1903–1941) fliegt als erste Frau allein von England nach Australien.

1930: Die britische Fliegerin Beryl Markham (1902–1986) wird die erste Berufspilotin Afrikas.

1930: Anne Morrow Lindbergh (1906–2001) wird die erste Segelfliegerin der USA.

6. März 1931: Ruth Rowland Nichols stellt mit 8.760,9 Metern einen Höhen-Weltrekord für Frauen auf.

13. April 1931: Ruth Rowland Nichols stellt mit 339,1 Stundenkilometern einen Geschwindigkeits-Weltrekord für Frauen auf.

1931: Leyla Mammadbeyova (1909–1989) wird die erste Pilotin in Aserbaidschan.

Juni 1931: Ruth Rowland Nichols scheitert beim Atlantiküberflug.

18. bis 29. August 1931: Die deutsche Pilotin Marga von Etzdorf (1907–1933) fliegt allein von Berlin nach Tokio.

1931: Pauline Mary Gower (1910–1947) betreibt den ersten Lufttaxidienst in Großbritannien.

1931: Die deutsche Pilotin Vera von Bissing (1906–2002) beherrscht als einzige Frau den Looping nach vorn.

1931: Die deutsche Fallschirmspringerin Lola Schröter (1906–1953) stellt mit einem Sprung aus 6.000 Metern Höhe einen Frauenrekord auf.

Oktober 1931: Hazel Ying Lee (1912–1944) erhält als eine der ersten chinesisch-amerikanischen Frauen eine Fluglizenz.

4. Dezember 1931: Die deutsche Fliegerin Elly Beinhorn (1907–2007) startet zu einem erfolgreichen Weltflug. Sie ist die erste Frau, die alle fünf Erdteile mit dem Flugzeug überfliegt.

26. Dezember 1931: Die australische Pilotin Maude Rose „Lores" Bonney (1897–1994) unternimmt den längsten Ein-Tages-Flug einer Frau von Brisbane nach Wangaratta (1.600 Kilometer).

20. Mai 1932: Die amerikanische Fliegerin Amelia Earhart fliegt mit einem einmotorigen Flugzeug als erste Frau über den Atlantik. Sie startet in Harbor Grace (Neufundland) und landet unweit von Londonderry (Nordirland).

Mai 1932: Die deutsche Schauspielerin und Pilotin Antonie Strassmann (1901–1952) fliegt an Bord des Flugschiffes „Do-X" von den USA nach Deutschland. Sie ist die erste Europäerin, die als fliegender Passagier den Atlantik überquert.

August/September 1932: Maude Rose „Lores" Bonney fliegt als erste Frau um Australien.

5. September 1932: Die amerikanische Pilotin Mary Haizlip (1910–1997) stellt in Cleveland (Ohio) mit 405,92 Stundenkilometern einen Geschwindigkeitsrekord für Frauen auf.

1932: Die Chinesin Katherine Cheung (1904–2003) wird die erste Asiatin mit Pilotenlizenz in den USA.

1932: Ruthy Tu (gestorben 1969) wird die erste Pilotin in der Chinesischen Armee.

1932: Die deutsche Pilotin Rosl Richter und ihr Ehemann unternehmen mit einem Leichtflugzeug einen Weltflug.

1932: Der Fallschirmspringerin Lola Schröter gelingt ein Rekordsprung aus 7.300 Metern Höhe.

1932: Luise Hoffmann (1910–1935) wird erste Werkspilotin in Deutschland.

1932: Phoebe Fairgrave Omlie wird die erste Regierungsbeamtin für Luftfahrt in den USA.

1932: Fay Gillis Wells (1908–2002) fliegt als erste Amerikanerin ein sowjetisches Zivilflugzeug.

10. bis 21. April 1933: Maude Rose „Lores" Bonney fliegt mit einer Maschine des Typs „Gipsy Moth" namens „My little Ship" als erste Frau von Australien nach England (Start in Brisbane, Landung in London. Flugstrecke rund 20.000 Kilometer).

1933: Freda Thompson (1909–1980) wird die erste Fluglehrerin in Australien.

1934: Die Französin Maryse Bastie (1898–1952) fliegt als erste Frau von Paris nach Tokio und zurück.

28. Januar bis 25. April 1934: Die Amerikanerin Laura Ingalls (1901–1967) unternimmt als erste Frau einen Alleinflug von Nordamerika nach Südamerika.

21. März 1934: Laura Ingalls fliegt als erste Amerikanerin über die Anden.

Mai 1934: Die Neuseeländerin Jean Batten (1909–1982) unternimmt als erste Frau einen Flug von England nach Australien und zurück.

28. September bis 6. November 1934: Die australische Pilotin Freda Thompson unternimmt den ersten Alleinflug einer Frau von England nach Australien. Während dieser 39 Tage langen Flugreise muss sie 20 Tage auf ein Ersatzteil warten.

23. Oktober 1934: Die amerikanische Ballonfahrerin Jeannette Piccard (1895–1981) fliegt als erste Frau in die Stratosphäre: Sie steigt zusammen mit ihrem Ehemann Jean-Felix Picard (1884–1963) über dem Erisee in eine Höhe von 17.550 Metern auf.

31. Dezember 1934: Die Amerikanerin Helen Richey (1909–1947) wird die erste Pilotin bei einer planmäßigen Airline („Central Airlines").

Anfang 1935: Der amerikanischen Fliegerin Amelia Earhart glückt der erste Flug von Hawaii zum amerikanischen Festland. Diese Route ist länger als die Strecke von den USA nach Europa.

April 1935: Liesel Zangenmeister stellt in Rossitten (Ostpreußen) mit 12 Stunden 57 Minuten einen Dauer-Weltrekord im Segelflug auf.

1935: Amelia Earhart unternimmt als Erste einen Alleinflug von Los Angeles (Kalifornien) nach Mexico City (Mexiko), Flugzeit 13 Stunden 23 Minuten.

1935: Amelia Earhart unternimmt als Erste einen Alleinflug von Mexico City nach Newark, Flugzeit 14 Stunden 19 Minuten.

Ende 1935: Jean Batten fliegt als erste Frau von England nach Südamerika (Brasilien), Flugstrecke rund 5.000 Meilen (umgerechnet 8.000 Kilometer), Flugzeit 61 Stunden 15 Minuten

1936: Katarina Matanovic-Kulenovic (1913–2003) wird die erste kroatische Pilotin.

4. September 1936: Louise Thaden (1905–1979) und Blanche Noyes (1900–1981) besiegen als erste Frauen bei einem Flugwettrennen („Bendix Trophy Race") männliche Piloten. Sie fliegen sie von New York City nach Los Angeles in 14 Stunden 55 Minuten und stellen damit einen Weltrekord auf.

4./5. September 1936: Die englische Pilotin Beryl Markham (1902–1986) fliegt als erste Frau allein von London (England) über den Atlantik nach Nova Scotia (Kanada).

1936: Jean Batten fliegt als erste Frau über den Südatlantik.

1936: Laura Ingalls fliegt als erste Frau nonstop von der Ostküste zur Westküste der USA.

März 1937: Jean Burns wird im Alter von 17 Jahren die jüngste Pilotin in Australien.

17. Mai 1937: Die deutsche Fliegerin Hanna Reitsch (1912–1979) wird als erste Frau der Welt ehrenhalber zum Flugkapitän ernannt. Dieser Titel war sonst Flugzeugführern der „Deutschen Lufthansa" vorbehalten.

Mai 1937: Hanna Reitsch überquert als erste Pilotin der Welt im Segelflug die Alpen.

Juni 1937: Die deutsche Pilotin Eva Schmidt (1914–1945) erreicht eine Weltbestleistung im Segelflug-Streckenflug für

Frauen vom Hornberg (Schwäbische Alb) nach Plauen im Vogtland (Sachsen) und einen Dauerflug-Rekord von 14 Stunden.

Juni 1937: Inge Wetzel stellt in Rossitten (Ostpreußen) mit 18 1/2 Stunden einen Segelflug-Weltrekord im Dauerflug auf, wird aber bereits im Juli 1937 von Feodora Schmidt übertroffen.

1937: Amelia Earhart fliegt – im Rahmen ihrer Erdumrundung – als Erste vom Roten Meer nach Indien.

2. Juli 1937: Amelia Earhart und ihr Navigator Fred Noonan (1893–1937) kehren von ihrer geplanten spektakulären Erdumrundung nicht mehr zurück. Um das ungeklärte Verschwinden der Beiden im Pazifik ranken sich zahlreiche Legenden.

4. Juli 1937: Hanna Reitsch fliegt in Bremen als erste Frau einen Hubschrauber.

1937: Maude Rose „Lores" Bonney fliegt als erste Frau allein von Australien (Brisbane) nach Südafrika (Kapstadt), Flugstrecke 29.088 Kilometer.

1937: Sabiha Gökcen (1913–2001) wird die erste Kampfpilotin der Türkei. Sie fliegt Kampfeinsätze in Thrakien und in der Ägäis.

1937: Die deutsche Fliegerin Melitta Schenk Gräfin von Stauffenberg (1903–1945), geborene Melitta Schiller, besitzt als einzige Frau Deutschlands alle Flugzeugführerscheine für sämtliche Klassen von Motorflugzeugen und Segelflugzeugen sowie den Kunstflugschein.

1937: Die Argentinierin Susanna Ferrari Billinghurst (1914–1999) erwirbt als erste Frau in Südamerika einen kommerziellen Pilotenschein.

1937: Die russischen Pilotinnen Marina Raskowa (1912–1943) und Walentina Stepanowna Grisodubowa (1910–1993) stellen mit einem Nonstop-Flug über 1.443 Kilometer einen Frauenweltrekord auf.

1937: Die amerikanische Fliegerin Jacqueline Cochran (1906–1980) macht als erste Frau einen Blindflug (Instrumentenlandung).

28. Oktober 1937: Melitta Schenk Gräfin von Stauffenberg erhält – nach Hanna Reitsch – als zweite Frau der Welt den Titel „Flugkapitän".

Frühjahr 1938: Hanna Reitsch, die erste Frau mit Helikopter-Lizenz, unternimmt in der riesigen Berliner Deutschlandhalle mit einem Hubschrauber den ersten Hallenflug der Welt.

2. Juli 1938: Den russischen Pilotinnen Walentina Stepanowna Grisodubowa (1910–1993), Wera Lomako (geboren 1913), Polina Ossipenko (1907–1939) und Marina Raskowa (1912–1943) gelingt ein Weltrekord-Fernflug für Frauen von Sewastopol nach Archangelsk über eien Flugstrecke von 2.416 Kilometern.

24./25. September 1938: Marina Raskowa, Walentina Stepanowna Grisodubowa und Polina Ossipenko stellen mit einem 5.908,610 Kilometer langen Fernflug von Moskau nach Kerbi unweit des Ochotskischen Meeres einen Weltrekord für Frauen auf. Am 2. November 1938 erhalten sie für diesen Weltrekord-Fernflug als erste Frauen der sowjetischen Geschichte den Titel „Held der Sowjetunion".

1939: Willa Brown Chappell (1906–1992) wird die erste Afro-amerikanerin mit kommerzieller Pilotenlizenz in den USA

1939/1940: Beate Köstlin (1919–2001), später Beate Uhse, wirkt als erste deutsche Stuntpilotin in den Filmen „D III 88" (1939) und „Achtung, Feind hört mit" (1940) mit.

1. Juli 1941: Die Amerikanerin Jacqueline Cochran überführt als erste Frau einen Bomber über den Atlantik.

Ab 1941: Marina Raskowa und sechs andere weibliche Offiziere organisieren drei nur aus Frauen bestehende sowjetische Fliegerregimenter. Am Ende der Ausbildung werden in Engels drei Regimenter aufgestellt: das 586. Jagdfliegerregiment mit „Jak-2"-Flugzeugen, das 587. Tagbomberregiment mit „Pe-2"-Flugzeugen und das mit „U-2"-Flugzeugen ausgerüstete 588. Nachtbomberregiment („Nachthexen"). Kommandantinnen des 586. Jagdflieger-regiments sind: Lydia Litvak, Raisa Belyayeva, Tamara Pamyatnykh, Raya Surnachevskaya, Marina Kuznetsova. Kommandantinnen des 587. Tagbomberregiments sind: Kladiya Fomicheva, Marina Raskowa, Nadeshda Fedutenko.

Kommandantinnen des 588. Nachtbomberregiments sind: Yevodokya Bershanskaya, Yevgeniya Zhigulenko, Tatyana Makorova, Yevdokia Nosal, Nina Ulynenko.

Oktober 1942: Hanna Reitsch fliegt in Augsburg bei „Messerschmitt" das erste Raketenflugzeug der Welt.

21. März 1943: Cornelia Clark Fort (1919–1943) stirbt bei der Überführung einer Maschine des Typs „BT-13A" als erste Pilotin im Dienst der US-Army, als sie über Merkel, Taylor County (Texas), mit einem anderen Flugzeug zusammenstößt. An sie erinnert der 1945 nach ihr benannte „Cornelia Fort Airport" in Nashville (Tennessee).

14. Okober 1944: Die Amerikanerin Ann G. Baumgartner Carl (1918–2008) ist die erste Frau in einem Turbojet-Kampfflieger.

1948: Betty Skelton Frankman Erde (1926–2011) wird die erste US-Meisterin in Luftakrobatik.

1949: Betty Skelton Frankman Erde stellt mit 7.853 Metern einen Höhenweltrekord für Frauen auf.

16. September 1950: Nancy Bird Walton (1915–2009) gründet die australische Pilotinnenorganisation „Australian Women Pilot's Association" („AWPA")

März 1951: Die deutsche Pilotin Liesel Bach (1905–1992) fliegt als erste Frau über den Himalaja.

1951: Betty Skelton Frankman Erde stellt mit 8.850 Metern einen weiteren Höhenweltrekord für Frauen auf.

April 1953: Iris Wittig (1928–1978) fliegt zusammen mit einem sowjetischen Instrukteur als einer der ersten Piloten in einer „MiG-15UTI", dem ersten Strahlflugzeug der „DDR".

18. Mai 1953: Die amerikanische Pilotin Jacqueline Cochran erreicht mit einem Düsenjäger des Typs „F-86 Sabre" eine Durchschnittsgeschwindigkeit von 1.042 Stundenkilometern und durchbricht dabei in Sturzflügen aus 14.000 Meter Höhe als erste Frau zwei Mal die Schallmauer.

15. August 1953: Die französische Fliegerin Jacqueline Auriol (1917–2000) durchbricht mit einem Düsenjäger des Typs „Mystère" mit einer Geschwindigkeit von 1.195 Stundenkilometern als erste Europäerin die Schallmauer (Mach1).

1960-er Jahre: Jerrie Cobb besteht als erste Amerikanerin alle drei Tests für das von Jacqueline Cochran finanzierte Programm „Mercury 13". Mit diesem privat finanzierten Programm, das nicht Teil der Astronautenrekrutierung der „NASA" ist, will man beim Wettrennen im Weltraum mit der ersten Frau im All der Sowjetunion zuvorkommen. Der Name des Projektes beruht darauf, dass von den insgesamt 20 getesteten Frauen 13 die Tests bestehen: außer Jerrie Cobb später auch Myrte Cagle, Jan Dietrich, Marion Dietrich, Wally Funk, Janey Hart, Jean Hixson, Gene Nora Stumbough, Irene Leverton, Bernice Steadman, Sarah Ratley, Jerri Truhill und Rhea Woltman. Jerry Cobb, Rhea Hurle und Wally Funk unterziehen sich in Oklahoma City noch weiteren Tests und einer psychologischen Bewertung. Wenige Tage, bevor einige Frauen sich erweiterten Tests in Pensacola (Florida) in der „Naval School of Aviation Medicine" mit Militärausrüstung und Jets unterziehen sollen, erhalten sie ein Telegramm, in dem der Abbruch des Projekts mitgeteilt wird. Die Navy ist nicht bereit, ihr Equipment für ein inoffizielles Projekt bereitzustellen. Im Mai 2007 verleiht die „University of Wisconsin-Oshkosh" den damals noch acht lebenden Frauen von „Mercury 13" Ehrendoktortitel für ihren „Pioniergeist und die Anstrengungen bei der Weiterentwicklung der Frauen-rechte".

16. Juni 1963: Die russische Kosmonautin Walentina Tereschkowa startet in Baikonur (Kasachstan) an Bord des Raumschiffes „Wostock VI" als erste Frau ins Weltall. Sie umkreist 49 Mal die Erde, bevor sie am 19. Juni 1963 in Novosivbirsk landet.

26. August 1963: Diana Barnato Walker (1918–2008) durchbricht als erste Britin die Schallmauer.

19. März bis 17. April 1964: Geraldine „Jerry" Mock fliegt als erste Amerikanerin erfolgreich um die Welt. Vor ihr hatte dies 1931 schon die deutsche Fliegerin Elly Beinhorn getan. Weil der Weltflug von Elly Beinhorn in den USA nicht allgemein bekannt ist, wird Geraldine „Jerry Mock" dort oft irrtümlich als Frau erwähnt, die als Erste um die Welt geflogen sein soll.

Juni 1966: Berta Zeron (1924–2000) wird die erste Frau in Mexiko mit einem kommerziellen Pilotenschein.

1966: Die britische Pilotin Sheila Scott (1927–1988) fliegt 50.000 Kilometer in 189 Flugstunden.

1967: Ursula Bühler-Hedinger (1943–2009) wird die erste schweizerische Linienpilotin und Jetpilotin.

28. März 1967: Fiorenza de Bernardi wird die erste Airline-Pilotin in Italien (nach eigenen Angaben die fünfte der Welt) und im selben Jahr in ihrem Heimatland auch der erste weibliche Flugkapitän.

1969: Turi Wideroe wird der erste weibliche Luftver-kehrspilot bei einer großen Fluggesellschaft in Norwegen. Sie fliegt im Dienste der „Scandinavian Airlines Systems" („SAS").

28. Juni 1971: Die amerikanische Pilotin Louise Sacchi (1913–1997) stellt bei einem Flug von New York nach London innerhalb von 17 Stunden 10 Minuten einen Geschwin-digkeitsrekord auf.

1971: Sheila Scott fliegt bei einem Langstreckenflug über 50.000 Kilometer als erste Frau mit einem Leichtflugzeug über den Nordpol.

29. Januar 1973: Emily Howell Warner wird die erste Pilotin für eine kommerzielle Airline in den USA.

22. Februar 1974: Barbara Ann Rainey (1948–1982), geborene Barbara Ann Allen, wird die erste Marinepilotin der „United States Navy".

4. Juni 1974: Sally Murphy qualifiziert sich als erste Frau als Pilotin für die „United States Army".

1974: Die Italienerin Fiorenza di Bernardi wird die erste Gletscherpilotin der Welt.

1974: Die Amerikanerin Marry Barr wird die erste Pilotin in der Forstwirtschaft („United States Forest Service") der Vereinigten Staaten.

1974: Captain Leslie F. Kenne wird die erste Frau an der Testpilotenschule der US-Luftwaffe.

1974: Wally Funk wird die erste Inspektorin der Flugsicherung innerhalb der amerikanischen Verkehrsbehörde „National Transportation Safety Board" („NTSB") in Washington D.C. Die „NTSB" befasst sich mit der Aufklärung von Unglücksfällen im Transportwesen (Eisenbahnen, Luftfahrt, Schifffahrt, Pipelines und Autobahnen). Für die Luftfahrt entspricht der Aufgabenbereich der Bundesstelle für Flugunfalluntersuchung in Deutschland.

6. Juni 1976: Emily Howell Warner wird der erste weibliche Kapitän einer US-Airline.

Ende 1976: Die deutsche Pilotin Rita Maiburg (1951–1977) wird der erste und einzige weibliche Flugkapitän im regulären

Liniendienst der westlichen Welt. Die Bulgarin Maria Atanasova kommandiert damals eine düsengetriebene Frachtmaschine, die Engländerin Yvonne Sintes ist Captain bei einer britischen Chartergesellschaft

1976: Rosemary Bryant Mariner fliegt als erste Frau ein leichtes Kampfflugzeug.

1978: Rhea Seddon (geboren 1947), Kathryn Sullivan (geboren 1951), Judith A. Resnik (1949–1986), Sally Kristen Ride (geboren 1951), Anna Lee Fisher (geboren 1949) und Shannon Lucid (geboren 1942) werden als erste Frauen in das Astronautencorps der „NASA" aufgenommen.

11. April 1980: Eleanor Conn unternimmt mit ihrem Ehemann Sidney Conn die erste Ballonfahrt über den Nordpol.

2. Juli 1980: Die Amerikanerin Lynn Rippelmeyer fliegt als erste Frau einen Jumbo-Jet „Boeing 747".

3. Dezember 1980: Die Amerikanerin Janice Brown unternimmt in der Nähe von Marana (Arizona) mit einem kleinen Solarflugzeug namens „Solar Challenger" den ersten Langstrecken-Solarflug (Flugstrecke 6 Meilen, Flugzeit 22 Minuten).

1980: Deborah Jane Lawrie wird die erste Pilotin bei einer australischen Fluggesellschaft.

14. Februar 1981: Neta Snook (1896–1991) ist mit 85 Jahren die älteste Pilotin der USA.

11. März 1981: Die Amerikanerin Doris Grove stellt mit 1.127,68 Kilometern einen Segelflug-Weltrekord auf.

17. Dezember 1982: Die amerikanische Pilotin Mary Haizlip (1910–1997) wird als erste Frau in der Luft- und Raumfahrt in die „Oklahoma Aviation and Space Hall of Fame" aufgenommen.

18. Juni 1983: Die Astronautin Sally Kristen Ride fliegt als erste Amerikanerin im Weltall.

1983: Regula Eichenberger wird die erste Linienpilotin bei einer schweizerischen Airline („Crossair").

19. Juli 1984: Die amerikanische Pilotin Lynn Rippelmeyer fliegt als erster weiblicher Kapitän mit einer „Boeing 747" über den Atlantik. Der Start erfolgt in Newark, die Landung in London-Gatwick.

19. Juli 1984: Die amerikanische Pilotin Beverly Lynn Burns fliegt als erster weibliche Kapitän mit einer „Boeing 747" über die USA. Ihr historischer Flug mit einer Maschine der Fluggesellschaft „PEOPLExpress" führt von Newark nach Los Angeles.

25. Juli 1984: Die sowjetische Kosmonautin Swetlana Sawizkaja unternimmt als erste Frau einen Spaziergang im Weltall.

11. Oktober 1984: Die Astronautin Kathryn Dwyer Sullivan unternimmt als erste Amerikanerin einen Spaziergang im All.

14. Dezember 1986: Die amerikanische Astronautin Jeana Yeaeger startet zusammen mit Dick Rutan mit einem Voyager-Flugzeug zur ersten Nonstop-Weltraumumrundung ohne Auftanken und Zwischenlanden. Sie fliegen in 9 Tagen 3 Minuten 44 Sekunden eine Strecke von insgesamt 42.120 Kilometern.

1989: Gaby Kennard fliegt als erste Australierin mit einem Flugzeug des Typs „Piper Saratoga" namens „Gerty" in 99 Tagen allein um die Welt.

1990: Allana Arnot (geboren 1967) fliegt als erste Australierin mit einem Hubschrauber um die Welt.

1990: Rosemary Bryant Mariner wird die erste Kommandantin einer operativen Fliegerstaffel in den USA.

Winter 1990: Rosella Bjornsön wird der erste weibliche Kapitän für eine kommerzielle Fluggesellschaft in Kanada.

14. Mai 1992: Die amerikanische Astronautin Kathryn Thornton unternimmt den längsten Spaziergang im Weltall. Er dauert 7 Stunden 44 Minuten.

12. bis 20. September 1992: Carol Mae Jemison fliegt mit der Raumfähre „Endeauvour" als erste afro-amerikanische Astronautin im Weltall.

1. Oktober 1992: Die Amerikanerin Victoria („Vicki") von Meter (1982–2008) erregt als jüngste Fliegerin der Welt großes Aufsehen. Sie steuert als Zehnjährige erstmals ein Flugzeug,

25. März 1993: Die Britin Barbara Hamer ist die erste Frau, die – als Erster Offizier und Kopilotin – mit einem kommerziellen Überschallflugzeug fliegt. Dies geschieht bei einem Flug mit „British Airways" auf der „Concorde" von London nach New York City.

20. bis 23. September 1993: Vicki van Meter überfliegt im Alter von elf Jahren die USA – von Augusta (Maine) nach San Diego (Kalifornien).

1993: Sarah Deal wird erster weiblicher Pilot des „United States Marine Corps".

21. April 1994: Jackie Parker qualifiziert sich als erste Pilotin für das F-16-Kampfflugzeug.

4. bis 7. Juni 1994: Vicki van Meter überfliegt im Alter von zwölf Jahren den Atlantik.

12. Juli 1994: Die elfjährige Amerikanerin Katrina Mumaw wird das „schnellste Kind der Welt": Sie bricht zusammen mit einem russischen Piloten in einem „MiG-29"-Kampfjet die Schallmauer.

1994: Kara Hultgreen (1965–1994) wird die erste Kampfpilotin der US-Marine in einer „F-14 Tomcat".

3. Oktober 1994 bis 22. März 1995: Die Russin Elena Kondakowa, nach anderer Schreibweise Yelena Vladimirovna Kondakova, unternimmt den ersten Dauerflug einer Frau im All.

3. bis 11. Februar 1995: Eileen Collins wird die erste amerikanische Raumfährenpilotin bzw. Shuttlepilotin.

1995: Martha McSally unternimmt bei der Operation „Southern Watch" als erste Pilotin der US-Luftwaffe (von Kuwait aus) Kontrollflüge in feindlichem Gebiet (Irak). Sie ist die erste Pilotin der „U.S. Air Force", die mit einem Militärflugzeug über Feindgebiet fliegt.

22. März bis 26. September 1996: Shannon Lucid wird mit einem 188 Tage langen Flug die Amerikanerin, die sich am längsten im Weltraum aufhält.

19. November 1997: Kalpana Chawla (1961–2003) unternimmt mit der amerikanischen Raumfähre „Columbia" als erste Inderin einen Flug im Weltall.

16. Dezember 1998: Kendra Williams, Leutnant bei der „United States Navy", bombardiert bei der Operation „Desert Fox" als erster weiblicher Kampfpilot der USA über dem Irak ein feindliches Ziel.

12. Januar 1999: Erstmals ist das Cockpit einer „Swissair"-Maschine ausschließlich mit Frauen besetzt: Kapitän Gabrielle Musy-Lüthi und Kopilotin Claudia Wehrli fliegen einen „Airbus A320" von Zürich-Kloten nach Paris.

23. bis 28. Juli 1999: Eileen Collins wird die erste Kommandantin einer amerikanischen Raumfähre („Space Shuttle").

Januar bis Mai 2001: Die Britin Polly Vacher unternimmt als erste Frau mit einem Kleinflugzeug („Piper PA-28 Cherokee Dakota G-FRGN") – über Australien – einen Flug um die Welt.

6. Mai 2003 bis 27. April 2004: Polly Vacher fliegt von Birmingham aus über den Nordpol, die Antarktis und alle Erdteile. Damit wird sie die erste Frau, die allein die Polarregionen überquert. Bei diesem Unternehmen fliegt sie auch innerhalb von 16 Stunden von Hawaii nach Kalifornien.

Um 2005: Hanadi Zakaria al-Hindi wird der erste weibliche Flugkapitän in Saudi-Arabien.

13. März 2006: Die amerikanische Pilotin Elizabeth A. Okoreeh-Baah fliegt als erste Frau ein senkrecht startendes „V-22 Osprey Tiltrotor"-Flugzeug.

2006: Nicole Malachowski wird als erste Frau bei den „Thunderbirds", einer Kunstflugstaffel der Luftstreitkräfte der USA, aufgenommen.

18. bis 29. September 2006: Die amerikanisch-iranische Multimillionärin Anoushe Ansari wird der erste weibliche Weltraumtourist, der erste weibliche Muslim und die erste Iranerin im Weltraum. Sie startet am 18. September 2006 mit einem Sojus-Raumschiff zur „Internationalen Raumstation" („ISS"), erreicht am 20. September die „ISS" und kehrt am 29. September 2006 mit „Sojus TMA-8" zur Erde zurück.

Autor Ernst Probst,
Foto: Klaus Benz, Fotograf, Mainz-Laubenheim

Der Autor

Ernst Probst, geboren am 20. Januar 1946 in Neunburg vorm Wald im bayerischen Regierungsbezirk Oberpfalz, ist Journalist und Wissenschaftsautor. Er arbeitete von 1968 bis 1971 als Redakteur bei den „Nürnberger Nachrichten", von 1971 bis 1973 in der Zentralredaktion des „Ring Nordbayerischer Tageszeitungen" in Bayreuth und von 1973 bis 2001 bei der „Allgemeinen Zeitung", Mainz. In seiner Freizeit schrieb er Artikel für die „Frankfurter Allgemeine Zeitung", „Süddeutsche Zeitung", „Die Welt", „Frankfurter Rundschau", „Neue Zürcher Zeitung", „Tages-Anzeiger", Zürich, „Salzburger Nachrichten", „Die Zeit", „Rheinischer Merkur", „Deutsches Allgemeines Sonntagsblatt", „bild der wissenschaft", „kosmos", „Deutsche Presse-Agentur" (dpa), „Associated Press" (AP) und den „Deutschen Forschungsdienst" (df). Aus seiner Feder stammen die Bücher „Deutschland in der Urzeit" (1986), „Deutschland in der Steinzeit" (1991), „Rekorde der Urzeit" (1992), „Dinosaurier in Deutschland" (1993 zusammen mit Raymund Windolf) und „Deutschland in der Bronzezeit" (1996). Ab 2000 veröffentlichte er eine 14-bändige Taschenbuchreihe über berühmte Frauen. Von 2001 bis 2006 betätigte sich Ernst Probst als Buchverleger. Bis heute schrieb er mehr als 300 Bücher, Taschenbücher und Broschüren.

Kurzbiografien von Ernst Probst über „Königinnen der Lüfte"

Aida de Acosta. Erster Alleinflug mit einem lenkbaren Luftschiff

Elsa Andersson. Die erste Pilotin aus Schweden

Jacqueline Auriol. Sie durchbrach als erste Europäerin die Schallmauer

Liesel Bach. Deutschlands erfolgreichste Kunstfliegerin

Pancho Barnes. Amerikas erste Stuntpilotin

Maryse Bastié. Die Fliegerin, die acht Weltrekorde brach

Jean Batten. Neuseelands berühmteste Pilotin

Melli Beese. Die erste Deutsche mit Pilotenlizenz

Elly Beinhorn. Deutschlands Meisterfliegerin

Vera von Bissing. Eine Kunstfliegerin der 1930-er Jahre

Sophie Blanchard. Die erste professionelle Luftschifferin

Adrienne Bolland. Die erste Frau, die über die Anden flog

Hèléne Boucher. Die französische „Wunderfliegerin"

Kalpana Chawla. Die erste Inderin im Weltall

Jacqueline Cochran. Die „schnellste Frau der Welt"

Bessie Coleman. Die erste Afro-Amerikanerin mit Pilotenschein

Eileen Collins. Die erste Raumfähren-Pilotin

Hèléne Dutrieu. Die erste Pilotin in Belgien

Amelia Earhart. Die erste Frau, die zwei Mal über den Atlantik flog

Ruth Elder. Die erste Frau, die den Flug über den Atlantik wagte

Marga von Etzdorf. Die tragische deutsche Fliegerin
Elise Garnerin. Die „Venus im Ballon"
Sabiha Gökcen. Die erste türkische Pilotin
Frances Wilson Grayson. Tragischer Flug über den Atlantik
Else Haugk. Die erste Fliegerin der Schweiz
Hilda Hewlett. Die erste britische Fliegerin
Maryse Hilsz. Die Rekordfliegerin aus Frankreich
Luise Hoffmann. Die erste deutsche Einfliegerin
Kara Spears Hultgreen. Die erste „F-14 Tomcat"-
Kampfpilotin
Laura Ingalls. Die erste Amerikanerin, die über
Südamerika flog
Carol Mae Jemison. Die erste afro-amerikanische
Astronautin
Amy Johnson-Mollison. Englands erste
Flugzeugmechanikerin
Thea Knorr. Eine frühe Fliegerin in München (zusammen
mit Josef Eimannsberger)
Raymonde de Laroche. Die erste Pilotin der Welt
Ruth Law. Erste Luftpost für die Philippinen
Anne Morrow Lindbergh. Die erste Amerikanerin
mit Segelflugschein.
Anne Löwenstein-Wertheim. Die fliegende Prinzessin
Shannon Lucid. Der längste Raumflug einer Frau
Angelika Machinek. Eine Segelfliegerin der Weltklasse
Rita Maiburg. Einer der ersten weiblichen
Linienflugkapitäne
Beryl Markham. Die erste Berufspilotin in Ostafrika
Marie Marvingt. Die „Mutter der Luftambulanz"
Christa McAuliffe. Die amerikanische Nationalheldin
Victoria van Meter. Die jüngste Fliegerin der Welt

Jerry Mock. Im Alleinflug um die Erde
Mathilde Moisant. Eine frühe Fliegerin in den USA
Käthe Paulus. Deutschlands erste Luftschifferin
Thérèse Peltier. Die erste Flugzeugpassagierin der Welt
Harriet Quimby. Die erste Amerikanerin mit Flugschein
Bessica Medlar Raiche. Eine der ersten Fliegerinnen
in den USA
Barbara Allen Rainey. Die erste Marinepilotin
der USA
Thea Rasche. The Flying Fräulein
Marina Raskowa. Eine fliegende „Heldin
der Sowjetunion"
Wilhelmine Reichard. Die erste Ballonfahrerin
in Deutschland
Hanna Reitsch. Die Pilotin der Weltklasse
Sally Kristen Ride. Die erste Amerikanerin
im Weltall
Swetlana Sawizkaja. Die erste Spaziergängerin im Weltall
Christl-Marie Schultes. Die erste Fliegerin in Bayern
Blanche Stuart Scott. Die erste Amerikanerin, die ein
Flugzeug flog
Melitta Schenk Gräfin von Stauffenberg.
Deutsche Heldin mit Gewissensbissen
Katherine Stinson und Marjorie Stinson. Die fliegenden
Schwestern
Kathryn Dwyer Sullivan. Rekordspaziergängerin
im Weltall
Walentina Tereschkowa. Die erste Frau im Kosmos
Élisabeth Thible. Die erste Passagierin einer Montgolfière
Kathryn Thornton. Berühmte Spaziergängerin
im Weltall

Sabine Trube. Die deutsche Düsenjet-Kommandantin
Beate Uhse. Deutschlands erste Stuntpilotin
Nancy Bird Walton. Australiens erste und jüngste
Verkehrspilotin

Bestellungen von Broschüren oder E-Books bei:
www.grin.com

Bücher von Ernst Probst

Christl-Marie Schultes. Die erste Fliegerin in Bayern
(zusammen mit Theo Lederer)
Frauen im Weltall
Königinnen der Lüfte
Königinnen der Lüfte von A bis Z. Biografien berühmter
Fliegerinnen, Ballonfahrerinnen, Luftschifferinnen,
Fallschirmspringerinnen und Astronautinnen
Drei Königinnen der Lüfte in Bayern. Thea Knorr –
Christl-Marie Schultes – Lisl Schwab (zusammen
mit Josef Eimannsberger)
Königinnen der Lüfte in Deutschland
Königinnen der Lüfte in Frankreich
Königinnen der Lüfte in England, Australien
und Neuseeland
Königinnen der Lüfte in Europa
Königinnen der Lüfte in Amerika
Sturzflüge für Deutschland. Kurzbiografie der Testfliegerin
Melitta Schenk Gräfin von Stauffenberg (zusammen mit
Heiko Peter Melle)
Theo Lederer. Ein Flugzeugsammler in Bayern
Tony und Bruno Werntgen. Zwei Leben für die Luftfahrt
(zusammen mit Paul Wirtz)

Bestellungen bei: www.grin.com